ISBN 978-3-219-11326-6
Alle Rechte vorbehalten
Umschlag, Illustrationen und Layout von Mathias Weber
Gesetzt nach der derzeit gültigen Rechtschreibung
Copyright © 2008 by Annette Betz Verlag
im Verlag Carl Ueberreuter, Wien – München
Printed in Austria
1 3 5 7 6 4 2

Annette Betz im Internet: www.annettebetz.com

Dagmar H. Mueller

Die Neurodermitis-Detektive

Mit Illustrationen von Mathias Weber

ANNETTE BETZ

Lizzie hat braune Locken und eine Schildkröte, die Pummelchen heißt. Sie hat einen kleinen Babybruder, der ab und zu nervt. Und außerdem hat sie rote Stellen an den Ellenbogen und Kniegelenken. Und manchmal auch am Hals. Lizzie mag ihre Locken. Pummelchen ist ihr bester Freund. Und der kleine Babybruder ist eigentlich ganz okay. Richtig doof sind nur die roten Stellen auf Lizzies Haut. Die heißen Ekzeme und jucken oft so stark, dass man fast laut brüllen muss vor Wut.
Wenn Lizzie dann wirklich brüllt, weil sie das Jucken einfach nicht mehr aushalten kann und weil vom vielen Kratzen ihre Haut schon ganz wund geworden ist und wehtut, dann wacht der Babybruder auf und Mama ist wütend. Das ist doch wirklich schrecklich ungerecht! Lizzies Mama hat sich doch erst mal um Lizzie zu kümmern. Um Lizzie und ihre arme juckende Haut und nicht um den kleinen Babybruder!

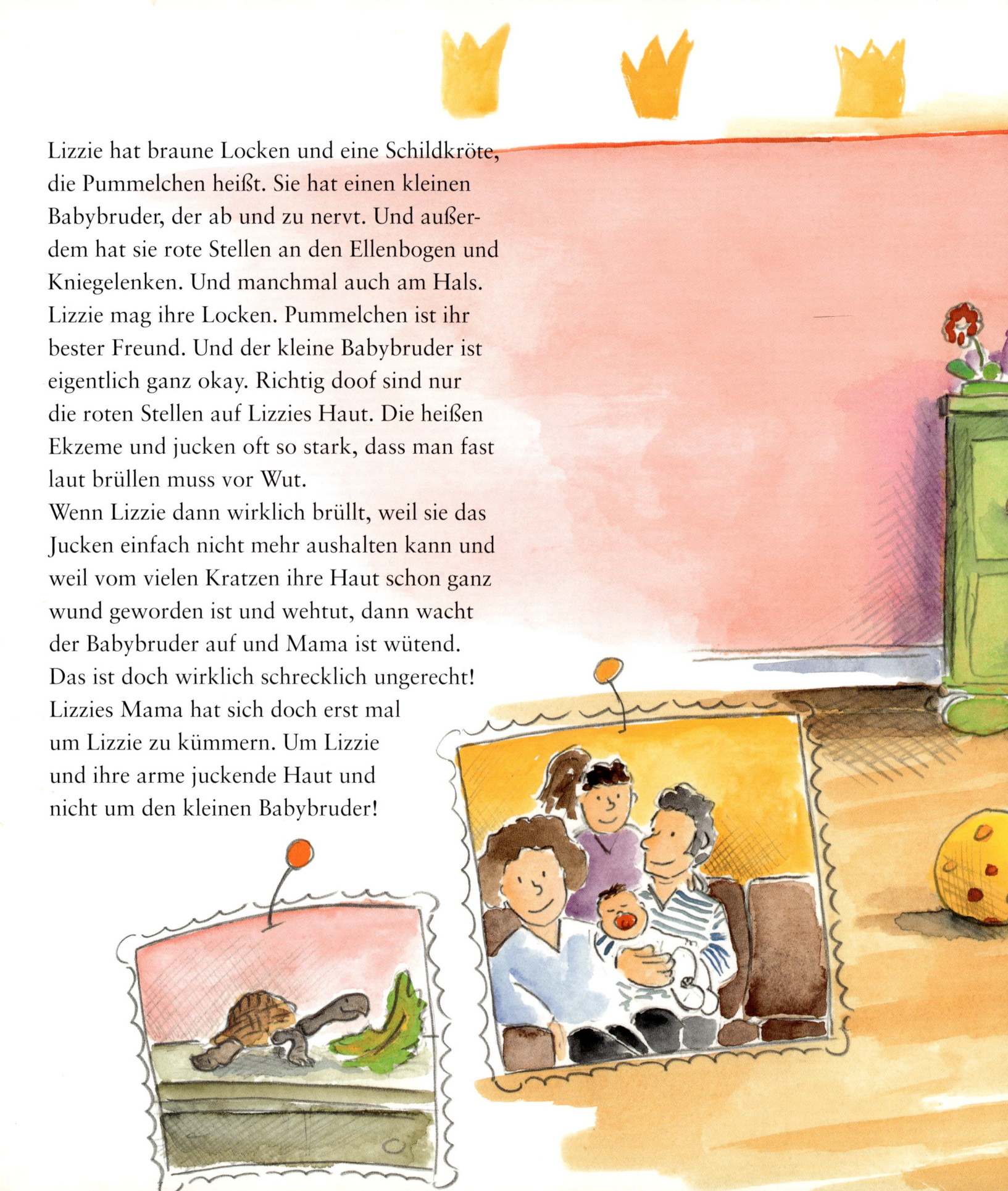

Lars hat blonde Stoppelhaare und eine Riesenspritzpistole. Er hat eine Mama, die den ganzen Tag arbeiten muss, und außerdem hat er rote Stellen an den Ellenbogen und Kniegelenken. Und manchmal auch am Hals.
Lars mag seine blonden Stoppelhaare. Und die Riesenspritzpistole ist das tollste Geschenk, das er je von Mama bekommen hat. Er kann damit vom Balkon aus harmlose Briefträger erschrecken. Und wenn es heiß ist, kann Mama ihn damit auf der Wiese im Park nass spritzen. Dass Mama den ganzen Tag arbeiten muss, ist nicht ganz so toll, weil sie abends meist furchtbar müde ist. Aber richtig doof sind nur die roten Stellen auf Lars' Haut. Die heißen Ekzeme und jucken oft so stark, dass Lars abends schlecht einschlafen kann und nachts mehrmals aufwacht.
Ein Glück nur, dass Lars schon selbst weiß, wie er sich gegen das Jucken helfen kann!

Lizzie hat gelernt, dass die juckenden Ekzeme auf ihrer Haut von einer Krankheit kommen, die Neurodermitis heißt.
Lizzie findet es total doof, dass ausgerechnet sie Neurodermitis hat. Sie ist sich sicher, dass überhaupt nur sie allein auf der Welt so eine doofe Krankheit hat! Mama hat zwar gesagt, dass diese Neurodermitis immer weniger schlimm werden wird, je älter Lizzie wird. Und ansteckend ist sie natürlich auch nicht. Aber was hilft das Lizzie jetzt? Jetzt, wo sie hier im neuen Kindergarten steht und keinen kennt und sich die langen Ärmel noch länger runterzieht, damit keines der anderen Kinder sieht, was für rotgekratzte Arme Lizzie hat. Hätte Mama doch bloß nicht den kleinen Babybruder bekommen, dann könnte Lizzie genau wie früher zu Hause bleiben und müsste sich jetzt nicht so grässlich unwohl fühlen!

»Ist dir kalt?«, fragt ein neugieriges Mädchen freundlich. Nein, natürlich ist Lizzie nicht kalt. Aber sie wünschte, ihr wäre kalt. Dann würden ihre Arme nämlich nicht so jucken. Wenn man die Ekzeme zu warm einpackt, jucken sie noch viel mehr als sonst. Das hat Lizzie schon oft gemerkt. Trotzdem wird sie ihren Pulli jetzt nicht ausziehen. Auf keinen Fall. Angestrengt kneift Lizzie den Mund zusammen und geht einfach weg. Soll das Mädchen doch mit jemand anderem reden!

Es ist ziemlich langweilig, wenn man ganz allein spielt. Deshalb geht Lizzie mal zu den Kaninchenställen rüber. Das ist das Beste an diesem Kindergarten, findet Lizzie, dass es hier Kaninchen gibt.

Zu Hause erlaubt Mama ja keine Kaninchen. Und auch keine Hamster, Meerschweinchen, Hunde oder Katzen.
Mama behauptet, dass Lizzies Neurodermitis schlimmer wird, wenn sie mit diesen Tieren zusammen ist. Lizzies rote Ekzeme auf der Haut sind so eine Art Allergie, sagt Mama. Eine Allergie gegen die Haare von Tieren. Deshalb hat Mama ja auch Pummelchen für Lizzie gekauft. Pummelchen hat keine Haare und kann Lizzies rote Stellen nicht noch schlimmer machen.
Lizzie öffnet den Kaninchenstall und nimmt ein kleines weißes, wuscheliges Tier auf den Arm. Och, ist das süß! Bestimmt irrt sich Mama! Bestimmt hat Lizzie gar keine Allergie gegen Kaninchen!
Das wuschelige Kaninchen schmiegt sich ganz eng an Lizzie. »Ha-tschi!«, macht Lizzie da. Nanu? Ist ihr etwa doch kalt?
Lizzie streichelt das Kaninchen mit einer Hand und reibt ihre Nase an seinem weichen Fell. Oh, ist das niedlich!
Aber dann muss sie das Kaninchen doch mal ganz kurz wieder in den Stall setzen, denn gerade jetzt juckt Lizzies Haut so irre, dass es kaum noch auszuhalten ist.

Lizzie kratzt durch den Pulli hindurch an ihren roten Stellen. Davon wird das Jucken leider nur noch schlimmer. Das ist immer so, das weiß Lizzie, aber trotzdem kann sie nicht aufhören! Sie kratzt so heftig, dass sie gar nicht merkt, als ein Junge neben ihr steht. Ein Junge mit blonden Stoppelhaaren.
»Na?«, sagt der Junge. »Hast du eine Allergie?«
»Hä?« Lizzie ist so verdutzt, dass sie glatt aufhört zu kratzen. »Wieso?«, fragt sie.
»Weil du niest, wenn du Lollypop auf den Arm nimmst«, sagt der Junge und grinst. »Und weil du dich die ganze Zeit kratzt. Hast du vielleicht Neurodermitis?«
Lizzie starrt den Jungen sprachlos an. Ist der etwa ein Zauberer? Kann der durch ihren Pulli die roten Stellen sehen? Und wieso weiß der überhaupt, was Neurodermitis ist?
»Ich hab nämlich auch Neurodermitis«, sagt der Junge da, »und ich heiße Lars.«
Lars grinst und dreht seine Arme um, sodass Lizzie besser gucken kann.
Ja, jetzt sieht es Lizzie. Diese roten Stellen, das ist tatsächlich Neurodermitis. Lars hat die gleiche Neurodermitis wie Lizzie. Nun lächelt Lizzie auch. Ist doch nett, dass sie mal jemand trifft, dem es genauso geht wie ihr! Nur scheint Lars diese Krankheit überhaupt nicht so schlimm zu finden wie Lizzie!

»Jucken dich die blöden Stellen denn gar nicht?«, fragt Lizzie.
Lars grinst. »Doch, klar«, sagt er, »aber schon lange nicht mehr so oft wie früher. Weil ich jetzt weiß, was ich machen kann und was nicht. Wenn ich so was mache, wie Lollypop auf den Arm nehmen oder so, dann ist es natürlich klar, dass meine Arme gleich ganz furchtbar jucken. Also gucke ich den Kaninchen lieber von etwas weiter weg nur zu. Dann geht's mir gut.«
Lizzie zieht die Nase kraus. Dann hat Mama also doch recht? Fast alle Neurodermitis-Kinder sind allergisch gegen irgendwelche Dinge? Aber wie soll Lizzie denn rausfinden, wogegen sie allergisch ist?
»Und wenn es im Kindergarten Nüsse und Popcorn gibt«, erzählt Lars weiter, »dann esse ich eben nur das Popcorn, weil ich weiß, dass es mich nach Nüssen schrecklich juckt.«
»Und wie hast du das rausgefunden, was du alles machen kannst?«, fragt Lizzie staunend.
»Na, weil ich ein Detektiv bin!«, sagt Lars strahlend.
»Das sind doch alle Neurodermitis-Kinder! Weißt du das nicht?«
»Alle Neurodermitis-Kinder sind Detektive?«, wiederholt Lizzie. Nein, das wusste sie nicht!
»Natürlich!«, nickt Lars heftig. »Das müssen wir doch sein! Wir müssen aufpassen. Und beobachten. Und uns merken, was genau passiert ist. Und all das tun, was große Detektive eben auch tun!«

Lizzie möchte gerne mehr über diese Detektiv-Arbeit hören, aber da rufen schon die Erzieher: »Schwimmstunde!«

Schwimmen im Hallenbad? Lizzie weiß gar nicht, ob sie das überhaupt darf! Mit ihren aufgeschürften Hautstellen. Doch Lars beruhigt sie. »Das Wasser tut deiner Haut nicht weh. Du musst dich nur hinterher gut abduschen«, meint er.

Und auch Lizzies Mama scheint nichts dagegen zu haben. Denn in Lizzies kleinen Rucksack hat Mama schon vorsorglich die Badesachen eingepackt.

Und tatsächlich, das Wasser tut nicht weh.
Mit den anderen im Schwimmbad herumzutoben, macht Lizzie sogar so viel Spaß, dass sie gar nicht mehr an ihre roten Stellen denkt. Sie springt und kreischt und planscht genauso wild wie alle anderen Kinder!
Da ist es natürlich auch kein Wunder, dass sie hinterher fast vergisst, sich gründlich abzuduschen. Viel gründlicher als die anderen Kinder muss sie das ja!
Zum Glück erinnert Lars sie daran!
Lars weiß sogar, dass die Schaumseife Neurodermitis-Haut schadet. Darum hat er extra Badeöl zum Duschen mitgenommen.
Das darf Lizzie auch mal probieren.
Danach cremt Lizzie sich ein. Und zwar mit ihrer Spezial-Lizzie-Haut-Creme. Die hat sie vom Arzt bekommen. Lars hat auch eine eigene Creme. Eine Spezial-Lars-Haut-Creme. Die hilft, damit die roten Stellen gut abheilen und weniger jucken.

Nach dem Schwimmen will Lizzie aber endlich mehr über die Detektiv-Arbeit wissen. Und vor allem will sie endlich damit anfangen! Lizzie will nämlich auch eine richtige Detektivin sein!
Lars erklärt noch einmal genau, wie richtige Detektiv-Arbeit geht.
»Du musst herausfinden, was es ist, was deine Haut jucken lässt, verstehst du?«, sagt er. »Wenn es anfängt ganz stark zu jucken, dann musst du überlegen, was du gerade vorher getan hast. Und das sagst du dann deiner Mama.«

Lizzie nickt. Das ist aufregend. Da muss man wirklich gut aufpassen! Wie so ein echter Detektiv eben.
Lizzie fühlt ihre Arme. Nichts juckt. Beinahe schade. Sie lächelt. Sie würde doch so gerne endlich mit der wichtigen Arbeit anfangen!

Aber keine halbe Stunde später juckt es plötzlich. Und wie! Lizzie fängt automatisch an zu kratzen. Doch dann fällt ihr ein, dass sie ja jetzt eine Detektivin ist und anderes zu tun hat, als zu kratzen. Sie hat nämlich nachzudenken! Und das tut sie!

Was hat sie vorher getan? Lizzie überlegt. Eigentlich nichts. Sie hat nur mit den anderen am Tisch gesessen und da ein Glas Kakao getrunken.
Lizzie erzählt Lars davon.
»Ich wette, das war's!«, sagt Lars.
»Was? Das Glas Kakao?«, fragt Lizzie.
»Genau«, nickt Lars heftig. »Das musst du unbedingt deiner Mama sagen. Und dann müsst ihr das zu Hause noch mal probieren. Du trinkst Kakao, und wenn es wieder juckt, weißt du, dass du Kakao nicht trinken solltest.«
»Und was soll ich dann trinken?«, fragt Lizzie.
»Apfelsaft«, schlägt Lars vor. »Oder Tee oder Sprudelwasser. Das musst du ausprobieren. Das gehört zu der Detektiv-Arbeit dazu!«

Als Lars am Nachmittag von seiner Mama abgeholt wird, winkt er Lizzie zum Abschied.
»Morgen bringe ich meine Riesenspritzpistole mit!«, ruft er. »Dann gehen wir in den Park und spritzen uns mit Wasser voll!«
Lizzie grinst und nickt begeistert.
Au ja, das wird toll!

»Wie war's denn?«, fragt Mama etwas später.
»Gut«, sagt Lizzie und lächelt. Auch wenn Mama sich gerade gar nicht richtig um Lizzie kümmern kann, weil der kleine Babybruder auf Mamas Arm so strampelt.
»Ich bin nämlich jetzt eine Detektivin!«, sagt Lizzie.
Da guckt Mama aber!

Spätabends, genau als Mama eilig von Lizzies Bett aufsteht, um zu dem kleinen, weinenden Babybruder rüberzugehen, fangen Lizzies Arme wie wild an zu jucken. Das ist klar. Das ist ja immer so abends. Das kennt Lizzie. Und gemeinerweise hat Mama trotzdem nur wenig Zeit für Lizzie! Da wird man doch so wütend, dass man wirklich brüllen muss!
Aber Moment mal! Vielleicht muss Lizzie heute gar nicht brüllen? Vielleicht braucht Lizzie Mama ja gar nicht? Vielleicht helfen viel besser die Tricks, die Lars ihr verraten hat?
Wenn Lars nämlich nicht einschlafen kann, dann schleicht er sich ins Badezimmer, macht ganz vorsichtig einen Waschlappen mit kaltem Wasser feucht und legt den auf die juckenden Stellen. Das kühlt und beruhigt.

Lizzie liegt im Bett mit dem kalten Waschlappen auf dem Arm und denkt an Lars. Und an ihre Neurodermitis. Und dass man eigentlich ganz gut damit leben kann. Wenn man nur ein richtig guter Detektiv ist! Und das ist Lizzie ja von heute an!

Lizzie tastet nach ihrer Spezial-Lizzie-Haut-Creme, die sie nun immer auf dem Nachttisch liegen hat. Denn das war auch ein Tipp von Lars. Damit Lizzie nicht erst aufstehen muss, wenn sie nachts von dem Jucken aufwacht. Und damit sie schnell wieder einschlafen kann.

Lizzie lächelt. Ja, denn als richtig guter Neurodermitis-Detektiv hat man an eine Menge zu denken!

Wie richtige große Detektive auch.

Und dann träumt Lizzie.

Von wilden Verfolgungsjagden träumt sie. Mit einer Riesenlupe in der Hand verfolgt sie all die Auslöser der dummen Neurodermitis. So lange, bis die Neurodermitis die Hände hochstreckt und sich ergibt und nicht die klitzekleinste Chance mehr hat, Lizzie zu nerven. Ha-haa!